A LA PORTE,

COMÉDIE-FOLIE EN UN ACTE ET EN PROSE,

PAR M. DE KOTZEBUE,

REPRÉSENTÉE POUR LA PREMIÈRE FOIS, SUR LE THÉATRE DE L'AMBIGU-COMIQUE, LE 15 JUILLET 1824.

PRIX : UN FRANC.

PARIS,

CHEZ QUOY, LIBRAIRE,
ÉDITEUR DE PIÈCES DE THÉATRE,
Boulevard Saint-Martin, N°. 18 ;
ET CHEZ BARBA, LIBRAIRE, PALAIS-ROYAL.

1824.

PERSONNAGES.	ACTEURS.
FRÉDÉRIC, officier	M. Dubiez.
JÉRÉMIE DE BOLMANN, propriétaire	M. Dubourjal.
MARIA, sa pupille	Mlle Constance.
PICARD, domestique de Frédéric.	M. Gilbert.
UN NOTAIRE	M. Joly.
Soldats Allemands.	

La scène se passe dans une ville d'Allemagne.

Tous les débitans d'exemplaires non revêtus de la signature de l'Éditeur seront poursuivis comme contrefacteurs.

Vû au Ministère de l'Intérieur, conformément à la décision de Son Excellence, en date de ce jour.

Paris, le 25 Avril 1824.
Par ordre de Son Excellence,
Le chef-adjoint, Coupart.

IMPRIMERIE DE HOCQUET,
Rue du Faubourg Montmartre, n. 4.

LE PROPRIÉTAIRE A LA PORTE

COMÉDIE-FOLIE.

Le Théâtre représente une rue : à gauche du spectateur, la maison de Bolmann.

SCÈNE PREMIÈRE.

FREDERIC, MARIA.

FRÉDÉRIC *arrive en observant.*

Dieu merci, le ciel s'est couvert de bons gros nuages bien épais et bien noirs. Depuis huit jours, ou plutôt huit nuits, le temps semblait se tenir au beau fixe pour me faire enrager ; et l'on eût dit qu'il y avait connivence entre la lune et le sieur Jérémie de Bolmann, tuteur de ma chère Maria.

MARIA, *ouvrant la fenêtre.*

Enfin, voilà de l'obscurité.

FRÉDÉRIC, *au pied de la maison.*

La fenêtre me semble ouverte. (*bien bas*) Est-ce vous, Maria ?

MARIA.

Oui, c'est moi.

FRÉDÉRIC.

Chère Maria, huit jours sans vous voir !

MARIA.

Et peut-être nous voyons-nous aujourd'hui pour la dernière fois.

FRÉDÉRIC.

Comment ?

MARIA.

On veut me forcer demain à devenir madame Jérémie de Bolmann.

FRÉDÉRIC.
Je mettrai plutôt le feu à la maison. Mais expliquez-moi...

MARIA.
Jérémie, enfermé dans la salle avec son notaire, ce gros homme noir qui demeure dans la Grande rue, s'occupe à faire dresser notre contrat de mariage... puis demain, la signature, puis à l'autel.

FRÉDÉRIC.
Demain ?.. je vous enlève ce soir.

MARIA.
Et comment sortir de cette véritable prison d'État, à double porte, bien fermée ?

FRÉDÉRIC.
Par adresse... j'attends Picard.

MARIA.
Que pourra Picard contre de triples verroux !

FRÉDÉRIC.
Je les fais sauter de vive force, plutôt que de vous laisser au pouvoir de ce Jérémie.

VOIX *de l'intérieur.*
Maria ! Maria !

MARIA.
Mon tuteur appelle. (*elle répond dans la maison*) Oui, j'y vais. (*à Frédéric.*) Ne vous éloignez pas. Mon cher Frédéric, nous sommes perdus, à moins qu'il ne vienne à notre secours, comme dans les vieux contes, un enchanteur.

Elle quitte la fenêtre.

SCÈNE II.

FREDERIC, PICARD.

PICARD, *un paquet sous le bras, une échelle sur l'épaule.*
Me voilà.

FRÉDÉRIC.
C'est heureux. D'où viens-tu ? je t'ai cherché partout.

PICARD.
Ah ! monsieur ! partout... excepté au cabaret du coin...

FRÉDÉRIC.
Maudit ivrogne !

PICARD.

Où je travaillais pour votre compte, Dieu sait !

FRÉDÉRIC.

Prends garde d'avoir le tien, si tu plaisantes encore.

PICARD.

Je n'ai jamais été plus sérieux. La séance, ma foi, n'était pas pour rire ; mais je m'en suis tiré avec honneur comme à mon ordinaire.

FRÉDÉRIC, *avec un geste menaçant.*

Je ne sais qui me tient...

PICARD, *tendant le dos.*

Eh ! monsieur, si cela vous soulage, je vous dirai comme ce sage de la Grèce, dont vous lisiez dernièrement l'histoire : Frappe, mais écoute... je dis frappe, par citation.

FRÉDÉRIC.

Le coquin se ferait tuer pour un bon mot !

PICARD.

Mieux que cela, il s'agit d'une bonne nouvelle.

FRÉDÉRIC.

Dis-la donc, maudit bavard !

PICARD.

Oh ! vous savez que Mlle Maria doit épouser demain son vieux tuteur.

FRÉDÉRIC, *levant le bras.*

Quand je vous dis...

PICARD, *tendant encore le dos.*

Mais, Monsieur, ne vous gênez pas : vous en serez fâché après, voilà tout.

FRÉDÉRIC, *se contenant.*

Qui t'a dit cela ?

PICARD.

Le cuisinier du lieu.

FRÉDÉRIC.

Où l'as-tu vu ?

PICARD.

Au cabaret. Quel entonnoir, mon cher maître ! c'est un gaillard à tenir tête, sans broncher, à tout votre escadron.

FRÉDÉRIC, *croisant les bras.*

Ai-je assez de patience ?

PICARD.

Eh bien ! Monsieur, il a trouvé son maître. Je suis plus fort que lui. Vous voyez comme je suis droit sur mes jambes, la tête froide ; lui, au moment où je vous parle, il est étendu ivre mort sous la table.

FREDERIC.

Toi et tes balivernes, allez au diable !

PICARD.

Si c'est pour le ramener à notre aide, soit ; nous en aurions besoin. Monsieur, voyez donc ce paquet.

FREDERIC.

Mais, tenace animal, qu'as-tu dans ce paquet ?

PICARD.

La défroque du vaincu, mon capitaine, enlevée les armes à la main, sur le champ de bataille. (*il montre le paquet*) Une veste à fleurs, le tablier, le bonnet de coton, enfin le grand couteau… y êtes-vous, maintenant ?

FREDERIC.

Pas plus qu'avant. A quoi bon tout cela ?

PICARD.

A quoi bon ! je vais vous le dire. Le camarade qui ronfle maintenant, sauf votre respect, en chemise, sur le carreau du cabaret, avait été envoyé faire des emplettes pour le repas de noce de demain, le gousset honnêtement garni. Aidé par quelques hussards de votre escadron, nous avons puisé à même, jusqu'à extinction ; et de pièce en pièce, de bouteille en bouteille, toutes les provisions y ont passé ; et que je sois un maraud, si d'ici à vingt-quatre heures, le drôle est présentable. (*croisant les bras.*) Eh bien !

FREDERIC.

Je n'y suis pas davantage.

PICARD.

M. Jérémie doit se marier demain : vous ne le voulez pas, vous ; il faut bien prendre des mesures aujourd'hui ; or, ce costume va me donner entrée dans la maison de Jérémie… car je ne pense pas que vous ayez envie de vous faire cuisinier vous-même… (*montrant le ballot.*) Ce paquet contient, en outre, des provisions dont j'ai besoin.

FREDERIC.

Quelles provisions ?

PICARD.

Le grand uniforme du premier trompette de notre régiment.

FREDERIC.

Quel est ton but ?

PICARD.

Vous le saurez. Que je séjourne dans la maison le temps d'expliquer mes idées à mademoiselle Maria, il ne m'en faut pas davantage. J'irai vous rejoindre ensuite au grand estaminet Turc, qui reste ouvert toute la nuit, et nos affaires marcheront.

FREDERIC.

Mais le tuteur peut reconnaître la supercherie à ta voix ; car il faudra lui répondre.

PICARD.

Je dois être ivre : je ne ferai que balbutier... et puis je baragouine l'allemand comme un cuisinier hambourgeois... ia, meinher, ia.

FREDERIC.

Enfin, si, reconnu par le vieux Jérémie, tu ne pouvais pas entrer ?

PICARD.

Tout est prévu, Monsieur ; voilà une échelle d'emprunt, si nous n'entrons pas par la porte, nous arriverons par la fenêtre.

SCÈNE III.

FREDERIC, PICARD, MARIA.

MARIA, *à la fenêtre.*

Le notaire s'en retourne chez lui ; mon tuteur l'éclaire lui-même ; ils sont déjà sur l'escalier, ne vous montrez pas.

PICARD, *à Frédéric.*

Sitôt la porte ouverte, je me glisse derrière eux.

Ils se mettent à l'écart.

SCÈNE IV.

LES MÊMES, JÉRÉMIE, LE NOTAIRE.

Jérémie, après avoir fait passer le notaire, referme la porte avec précipitation et met la clef dans sa poche. Picard, qui s'est avancé pour profiter du moment, se retire avec dépit ainsi que Frédéric.

LE NOTAIRE.

Vous faites bien de tenir soigneusement votre porte fermée, car depuis que ces soldats sont ici en cantonnement...

JEREMIE.

C'est précisément à cause de cela.

LE NOTAIRE.

On a une altercation sans s'y attendre.

JEREMIE.

Et des visites que l'on attend encore moins... un détachement d'officiers nous tombent sur le dos.

LE NOTAIRE.

Dans une petite heure le contrat sera dressé.

JEREMIE.

Et signé, et demain, en petit comité, repas de noce dont vous me direz des nouvelles, mon voisin. J'ai donné des ordres en conséquence, et mon cuisinier s'y entend. Allez donc et revenez aussitôt.

LE NOTAIRE.

C'est convenu.

Picard, en cuisinier, le bonnet sur les yeux, arrive en chantant comme un homme ivre; il tombe sur le notaire qu'il manque de renverser.

SCÈNE V.

LES MÊMES, PICARD.

PICARD.

Parton, excusez.

LE NOTAIRE.

Doucement donc.

JEREMIE.

Ah! le voilà! comment, mauvais sujet, je te vois dans cet état?

PICARD.

Etat de grâce, meyner, comme un joli garçon.

JEREMIE.

Je m'en doute. Je parierais qu'il a bu l'argent que je lui ai donné.

PICARD.

Ah! meyner, avre bu la petite monnaie seulement.

JEREMIE.

Où sont les provisions?

PICARD, *montrant le paquet où est l'uniforme.*

Les provisions être dans la paquette... Il y a là-dedans des pièces qui vous surprendront.. Moi, faire voir à vous un dindon. (*Il frappe en chancelant un coup sur l'épaule de Jérémie.*)

JEREMIE.

Hein!.. voyons... (*Il se dispose à ouvrir le paquet.*)

PICARD, *lui donnant un coup sur la main.*

Un moment donc, cela me connaît. Ce diable de nœud être trop serré, il faut le couper (*Il prend son couteau, et en faisant un faux pas, il présente la pointe à Jérémie qui recule effrayé.*)

JEREMIE.

Peste du maladroit! il a failli...

PICARD, *même jeu de scène avec le notaire.*

Y être unique ça, moi, pas trouver le endroit. (*au notaire.*) Voulez-vous essayer, vous? (*Il lui présente le couteau.*)

LE NOTAIRE.

Mon voisin, tenez donc votre cuisinier, il m'embrocherait comme...

PICARD, *même jeu de scène.*

Pas besoin d'être tenu... monsieur prétend que avoir bu son argent; il faut que je brouve à tous les deux...

JEREMIE, *tremblant.*

Trinck, mon cher Trinck, je ne veux rien voir à présent,

Le Propriétaire. 2

rien. (*Il ouvre la porte avec précipitation.*) A demain matin. (*Dans l'effroi, il oublie de retirer la clef.*)

PICARD, *chancelant.*

Moi fouloir seulement montrer à vous.

LE NOTAIRE, *effrayé.*

Il a le diable au corps.

JÉRÉMIE, *de même.*

Non, mon garçon, tu dois être las, ce paquet est lourd ; tu as besoin de te reposer.

PICARD.

Puisque vous le voulez, vous êtes ma maître. (*A part, prenant la clef.*) A nous, la clef. (*Haut.*) Bon soir. Moi, va coucher moi... (*Il entre et referme la porte avec violence.*)

SCÈNE VI.

LES MÊMES, excepté PICARD.

LE NOTAIRE.

Dieu merci.

JÉRÉMIE, *criant.*

Maria ! Maria !

MARIA, *à la fenêtre.*

Plaît-il ?

JÉRÉMIE.

Trinck a encore bu, ne lui donne pas de lumière, il serait capable de mettre le feu à la maison.

MARIA.

C'est bien. (*Elle disparaît.*)

LE NOTAIRE.

Diable emporte, si je gardais un tel pendard chez moi !

JÉRÉMIE.

Il a bu, c'est vrai, mais il a ses qualités, voisin ; il est de bonne guette et ne laisse point approcher les galans.

LE NOTAIRE.

Ah ! voilà ! les galans ! avec les jeunes filles on a ces craintes-là. Si vous aviez épousé ma sœur, comme tous les gens raisonnables vous le conseillaient, il y a quelque part vingt-ans; elle était jolie, quoique veuve. Mais il vous a toujours fallu des jeunes poulettes.

JÉRÉMIE.

Votre sœur, certainement, méritait... mais, voyez-vous, en fait d'inclinations, on n'est pas maître.

LE NOTAIRE.

Eh! là, là.. ce que j'en dis, c'est à propos de femmes...

JÉRÉMIE.

Oui, oui, j'entends bien. Vous allez donc apporter le contrat, et si une aîle de poulet froid, arrosée d'un jolie vin de Grave, vous sourit, votre couvert sera mis, voisin, un petit souper ne fait pas de mal...

LE NOTAIRE.

Au contraire, voisin, comme dit mon frère le marin, vaisseau bien lesté n'en est que mieux sur la quille, eh! eh! eh!... On se couchera un peu plus tard, voilà tout... à tout-à-l'heure. *(Il sort.)*

SCÈNE VII.

JÉRÉMIE, *seul.*

Sa sœur! sa sœur, en ce temps-là, n'était déjà plus une jeune femme, et il y a vingt-ans de cela. Je sais bien que ma pupille est un peu jeune; mais ce n'est pas sa faute, elle vieillira. (*Tout en parlant il approche de la porte, va pour entrer et s'aperçoit que la clef n'y est plus, il la cherche dans sa poche.*) Où ai-je donc mis ma clef? est-ce que je l'aurais laissée en dedans? c'est cet ivrogne de Trinck qui m'a troublé la tête... Je fais bonne figure à la porte de chez... Eh! Maria! Maria!

SCÈNE VIII.

JÉRÉMIE, MARIA, *toujours à la croisée.*

MARIA.

Mon cher tuteur!

JÉRÉMIE.

La porte est fermée ; la clef sera en-dedans ou par terre..

MARIA.

J'y vais.

JÉRÉMIE.

Charmante enfant ! Douce, sage, obéissante... nous ferons un excellent ménage... (*A la porte*) Eh bien !

MARIA *reparaissant*.

Je ne l'ai pas trouvée.

JÉRÉMIE, *la lumière à la main*.

C'est drôle, ça ; je l'avais pourtant. (*A Maria.*) Ta bonne Marguerite est-elle là ?

MARIA.

Elle est dans sa chambre.

JÉRÉMIE.

Eh bien ! il faut qu'elle aille chercher le serrurier.

MARIA.

Mais comment ? vous n'avez qu'une seule clef et la porte est fermée... cherchez bien dans la rue.

JÉRÉMIE.

J'ai déjà cherché... (*Il éclaire avec sa lumière.*) Il n'y a rien.

MARIA.

Allez donc chercher le serrurier vous-même.

JÉRÉMIE.

En robe de chambre, en pantoufles, avec mon bougeoir, à l'heure qu'il est... D'ailleurs... en vérité, si je sais où il demeure... Le diable soit du Trinck maudit !.. c'est que j'ai un froid... (*Il heurte l'echelle.*) Qu'est-ce que cela, une échelle... quelqu'allumeur de reverbères qui s'est endormi au cabaret voisin, et qui laisse là ses instrumens sur le mur.. Voilà comme des voleurs s'introduisent sans qu'on s'en doute. Ce n'en est pas moins un heureux hasard... si je montais...

MARIA, *à la fenêtre*.

Mais il faudra toujours ouvrir.

JÉRÉMIE.

Sans doute, et mon notaire qui va venir... Dis à Marguerite de descendre.

MARIA.

A l'échelle?.. Eh! mon cher tuteur, la pauvre vieille se laissera tomber du haut en bas.

JÉRÉMIE.

Si ce coquin de Trinck n'était pas ivre !

MARIA.

Il est encore là, dans la cuisine, je vais l'appeler... Trinck!.. Trinck!.. le voilà.

JÉRÉMIE.

S'il peut se tenir debout, qu'il descende.

MARIA.

Appuyez bien l'échelle.

JÉRÉMIE.

Ne crains rien.

MARIA.

Allons, Trinck, pouvez-vous passer? votre maître a besoin de vous.

PICARD.

Ah! il fait donc faire ses commissions par la fenêtre? Allons, allons.

SCÈNE IX.

LES MÊMES, PICARD, *sur l'échelle.*

JÉRÉMIE, *qui tient l'échelle de toutes ses forces.*

Trinck, va doucement, prends garde! ne mets pas le pied à côté... Oh! là, hé! tu me marches sur la tête, fais donc attention ; là, voilà qui est bien. Actuellement, cours vîte chez le serrurier.

PICARD.

La... serrurier.

JÉRÉMIE.

Oui, le serrurier.

PICARD.

Ah! celui qui ouvre les serrures, ia, ia. (*A part.*) Bravo!

JÉRÉMIE.

Et ne me fais pas attendre.

PICARD.

Tout de suite. (*Il se sauve.*)

SCÈNE X.

JÉRÉMIE, MARIA.

JÉRÉMIE, *à Maria.*

Trinck a l'air bien raisonnable; il a été bientôt...

MARIA.

Ces gens-là ont l'habitude.

JÉREMIE.

Maria, as-tu vu ce qu'il a apporté?

MARIA.

Sans doute.

JÉRÉMIE.

Eh bien! cela pourrait-il servir?

MARIA.

Je l'espère.

JÉRÉMIE.

Dis donc, Maria, tu dois être bien contente de voir tous ces préparatifs... Il fait un vent de bise fort désagréable... tu verras comme nous serons gais... tu aimeras bien ton petit mari!

MARIA.

Je ne pourrais pas consentir à me marier sans amour pour mon époux.

JÉRÉMIE.

On ne dit pas avec plus de naïveté une chose plus aimable... ça me réchauffe un peu; j'ai le bout des doigts gelés, vraiment... C'est demain que tu ne m'appelleras plus mon tuteur!

MARIA.

Oh! bien certainement.

JÉRÉMIE.

Si j'étais là-haut, je t'embrasserais... tu me nommeras ton mari, ton petit mari... ah! ah! ah!

SCÈNE XI.

Les Mêmes, PICARD, *en garçon serrurier.*

PICARD.

Qu'est-ce qui demande un serrurier?

JÉRÉMIE.

C'est moi. Une clef est restée en dedans .. il faut m'ouvrir cette porte.

PICARD.

Laquelle?

JÉRÉMIE.

Celle-ci... attendez, je vais vous éclairer.

PICARD.

Il est bon là, le bourgeois; comme si je ne savais pas ouvrir une porte sans y voir clair.

JÉRÉMIE.

Je ne doute pas de votre adresse; cependant cela ira plus vîte.

PICARD.

Eh! non, vous dis-je... l'habitude... croyez-vous pas qu'ils m'éclairaient, les amans qui m'ont fait vingt fois ouvrir la porte pour s'introduire chez leur... et quand un jeune étourdi me priait de l'aider à lever un petit emprunt sur la caisse d'un tuteur avare, croyez-vous que j'avais besoin de chandelle?

JÉRÉMIE.

Ah! çà, qu'est-ce que vous dites donc là?

PICARD.

Oh! ce n'est pas pour me vanter, mais dans mon état, allez chercher mon pareil!

JÉRÉMIE, *à part.*

Je changerai ce serrurier-là ?

PICARD.

Quoiqu'à dire vrai, en fait de serrurier, tout le monde s'en mêle aujourd'hui ; il y a une une foule de gens qui veulent faire le métier en amateurs même. Les uns ont une clef d'or, c'est celle qui ouvre le mieux ; les autres avec de belles paroles, c'est un talent à part et qui n'est pas donné à tout le monde ; moi j'y vas bonnement... je me fais payer, voilà tout... surtout lorsqu'il est tard, et qu'on me dérange, et si le bourgeois fait le récalcitrant, eh bien !..

JÉRÉMIE, *à part.*

Il me fait venir la chair de poule (*haut.*) Il commence à faire humide, ne trouvez-vous pas... si vous vous dépêchiez un peu..

PICARD.

Vous n'avez qu'à parler (*écartant d'une main la lumière.*) Laissez donc, je veux vous montrer mon savoir faire.

JÉRÉMIE.

Mais je voulais vous éclairer.

PICARD.

Ah ! vous voulez m'éclairer. (*Il lui souffle la lumière, et glisse sans que Jérémie le voye, la clef dans la serrure, donne un coup de genou à la porte qui s'ouvre, en même temps met la clef dans sa poche.*) Voyez-vous cela !

JÉRÉMIE.

Très-bien (*à part.*) C'est un coquin à pendre que ce serrurier, (*haut.*) Combien vous faut-il ?

PICARD.

Une bagatelle... douze francs.

JÉRÉMIE.

Comment ! 12 francs' y pensez-vous ?

PICARD.

Ce sera un louis, si vous voulez, je ne tiens pas positivement..

JÉRÉMIE.

Parlez donc un peu sérieusement.

PICARD.

Croyez-vous que l'on marche la nuit pour rien.

JÉRÉMIE.

Entre rien et douze francs, il y a de la marge, et certainement toutes les fois que j'ai donné cinq sols aux garçons pour un porte ouverte, je n'ai pas été le dire à Rome.

PICARD.

Cinq sous! allons, not'bourgeois, vous voulez rire, ça vaut douze francs comme un liard, et je ne me serais pas dérangé à moins.

JÉRÉMIE.

Vous ne les aurez pas.

PICARD.

Je ne les aurai pas ?

JÉRÉMIE.

Non, certes... il faudrait être fou pour donner.

PICARD.

Non. Eh bien! comme vous voudrez. (*Il referme la porte avec violence et se sauve.*) Bonne nuit, brave homme.

SCÈNE XII.

JEREMIE, *seule.*

Holà! hé! voyons, l'imbécille, on vous les donnera vos douze francs. C'est vrai ça, je ne lui ai pas dit positivement non, vous ne les aurez pas, c'est une façon de parler comme une autre.... il est parti.. je suis gelé... il faut en finir, l'essentiel est de me mettre à l'abri, et, ma foi, je vais user pour moi du bien que le ciel m'envoie.... Maria! Maria!

SCÈNE XIII.

JEREMIE, MARIA, *à la fenêtre.*

MARIA.

Je croyais que vous étiez entré.

JÉRÉMIE.

Conçois-tu un imbécille qui, pour une observation sur le

Le Propritaire.

prix, referme la porte et me plante là. Je vais monter à l'échelle.

MARIA.

Prenez garde de vous blesser.

(*Lazzis comiques*, *il veut d'abord monter son bougeoir à la main.*)

JÉRÉMIE.

Pour avoir la main plus sûre, je vais mettre le chandelier dans ma poche et monter.

MARIA.

Oh! mon dieu, mon tuteur, l'échelle tremble.

JÉRÉMIE.

Laisse, laisse, mon enfant, (*à part.*) Ce sont mes genoux bien plutôt que l'échelle.

SCÈNE XIV.

LES MÊMES, FREDERIC, *en uniforme, Deux dragons avec des fusils et une lanterne sourde. Maria disparaît. Jérémie sur l'échelle.*

FRÉDÉRIC.

Que vois-je! un voleur! qu'on l'arrête.

JÉRÉMIE.

Vous vous trompez, M. l'officier.

FRÉDÉRIC.

Pas de résistance. (*Il lui ôte le chandelier qui passait de sa poche.*) Voyez le drôle, un chandelier d'argent qu'il met dans sa poche. Vol avec escalade.

JÉRÉMIE.

Encore une fois, vous vous méprenez. Ce chandelier m'appartient et la maison que voilà aussi.

FRÉDÉRIC.

Me prend-il pour un imbécille! comme s'il était d'usage de porter ses chandeliers dans sa poche et d'entrer chez soi par la fenêtre.

JÉRÉMIE.

Permettez, c'est un cas tout particulier.

FRÉDÉRIC.

Dans tous les cas, on entre chez soi par la porte, lorsqu'on a sa clef.

JÉRÉMIE.

Sans doute, lorsqu'on a sa clef, mais lorsqu'elle se trouve égarée, on entre par où l'on peut.

FRÉDÉRIC.

A d'autres.

JÉRÉMIE.

Je vais vous donner la preuve de ce que j'avance. Maria! Maria! dis à ce monsieur... Maria! est-ce que tu ne m'entends plus?

FRÉDÉRIC.

Qui appelez-vous là?

JÉRÉMIE.

Ma pupille, ma fiancée qui pourra vous certifier...

FRÉDÉRIC.

Vous êtes un imposteur... une fiancée à votre âge!.... allons donc....

JÉRÉMIE.

L'âge ne fait rien à l'affaire. D'ailleurs, monsieur, je ne suis pas encore si vieux...Maria! Maria! viens donc... La pauvre enfant, elle m'aime tant... la frayeur lui aura fait perdre connaissance, et ce coquin de Trink qui devait accompagner cet autre fripon de serrurier, il sera retourné boire..

FRÉDÉRIC.

C'est assez de mots, au corps de garde.

JÉRÉMIE, *faisant un effort.*

M. l'officier, prenez garde à ce que vous allez faire, ce n'est pas un homme comme moi qu'on traite ainsi. Je suis un homme connu, propriétaire estimé; il n'est pas que vous n'ayez entendu nommer Basile Jérémie de Bolmann.

FRÉDÉRIC.

Jérémie de Bolmann!

JÉRÉMIE.

Oui, monsieur, de Bolmann.

FRÉDÉRIC.

Y a-t-il encore quelqu'un de votre nom dans cette ville ?

JÉRÉMIE.

Non, monsieur, je suis le dernier rejetton de ma respectable famille.

FRÉDÉRIC.

Ah! parbleu! la rencontre est heureuse ; j'ai justement reçu l'ordre du commandant de vous chercher.

JÉRÉMIE.

Pourquoi faire?

FRÉDÉRIC.

Probablement pour vous faire pendre.

JÉRÉMIE.

Pendre, moi.

FRÉDÉRIC.

Oui, vous tenez un déserteur caché chez vous.

JÉRÉMIE.

Chez moi, un déserteur?

FRÉDÉRIC.

Oui, et même depuis quelques semaines.

JÉRÉMIE.

Oh! par exemple, apprenez monsieur, que jamais uniforme n'a mis le pied chez Jérémie de Bolmann, propriétaire, je le répète, rue et place des Trembleurs, n° 9, je n'hésite pas sur l'adresse, je crois.

FRÉDÉRIC, à Jérémie.

Vous avez été trahi (*Aux soldats.*) Allons, mes amis, il faut visiter la maison.... la clef.

JÉRÉMIE.

Serais-je monté à l'échelle, si je l'avais ?

FRÉDÉRIC.

Ah! vous refusez d'ouvrir... enfonçons la porte (*Il ouvre*

furtivement avec la clef, puis donnant un grand coup de pied.) Allons donc. (*la porte s'ouvre.*)

JÉRÉMIE.

Voilà encore un serrurier d'une autre espèce.

FRÉDÉRIC.

Entrons.

JÉRÉMIE.

Je vais avoir l'honneur de vous accompagner.

FRÉDÉRIC.

Non pas, mon brave ; pour que vous fassiez signe au déserteur. Un moment, s'il vous plaît. (*Aux dragons.*) Qu'il soit gardé à vue. Vous m'en répondez, s'il fait résistance... (*Il entre dans la maison. Jérémie, hors de lui, supplie les dragons.*)

JÉRÉMIE.

Comment, messieurs, je vous en prie, si vous me connaissiez... Oh! mon Dieu! faites-moi la grâce de comprendre que ma fiancée est là-haut évanouie avec une vieille bonne qui ne peut lui être d'aucun secours. M. l'officier n'a pas l'habitude des évanouissemens. (*Les dragons lui présentent le sabre.*) Oui, oui, j'ai tout le respect possible pour vos sabres, mais réfléchissez que...

SCÈNE XV.

LES MÊMES, FRÉDÉRIC, MARIA, *en uniforme, le casque enfoncé sur les yeux.*

FRÉDÉRIC.

Le voilà !

JÉRÉMIE.

Que vois-je ? un militaire dans ma maison ?

FRÉDÉRIC.

Il ne perdait pas son temps. La petite qui lui tenait compagnie est, ma foi, fort jolie.

JÉRÉMIE, *stupéfait.*

Comment ? comment ?

FRÉDÉRIC.

C'est très-fâcheux pour vous, M. le propriétaire. La discipline ne connaît pas d'exception, et la loi est précise. Demain vous serez fusillé, M. Jérémie.

JÉRÉMIE.

Fusillé, moi ?

FRÉDÉRIC.

En personne. Un déserteur caché chez vous depuis plusieurs semaines.

JÉRÉMIE.

C'est impossible.

FRÉDÉRIC.

La jeune personne m'a tout avoué.

JÉRÉMIE.

Quelle jeune personne ?

FRÉDÉRIC.

Eh ! parbleu, la charmante enfant que vous appelez, je crois, Maria.

JÉRÉMIE.

C'est dans sa chambre que vous avez trouvé le déserteur ?

FRÉDÉRIC.

Sans doute ; elle a même avoué naïvement qu'elle avait, pour ce déserteur, la plus vive tendresse.

JÉRÉMIE.

Pour un déserteur !

FRÉDÉRIC.

C'est par amour pour elle qu'il a déserté, n'est-il pas vrai, mon petit trompette.

MARIA.

Ia, ia.

JÉRÉMIE.

Oh ! j'en perdrai la raison.

FRÉDÉRIC.

Depuis qu'il est dans votre logis, il ne l'a pas quittée d'un instant.

JÉRÉMIE.

Et j'étais là... malheur à moi !.. le scélérat !

FRÉDÉRIC.

Jour et nuit, ils étaient ensemble... Ai-je raison?
(*Maria, même jeu de scène.*)

JÉRÉMIE.

C'est pour en étouffer de rage!

FRÉDÉRIC.

Vous ferez bien; ce sera autant de balles d'épargnées à la compagnie.

JÉRÉMIE.

Et parce qu'elle m'a trompé d'une manière infâme, je dois être fusillé par-dessus ; mais c'est une injustice.

FRÉDÉRIC.

A votre âge, monsieur, doit-on se mettre dans le cas d'être ainsi trompé?

JÉRÉMIE.

Oh! le serpent!

FRÉDÉRIC.

Allons... au corps de garde, marchons!

JÉRÉMIE.

Je ne saurais, monsieur, j'ai la goutte. Voyez mes jambes, elles sont enflées.

FRÉDÉRIC.

Quand on a la goutte, on ne se marie pas. En avant... marche. (*Les soldats s'emparent de Jérémie.*)

SCÈNE XVI.

LES MÊMES, PICARD, *en redingotte militaire.*

PICARD.

Qu'y a-t-il sur cette place? quel est ce bruit?

FRÉDÉRIC, *l'air effrayé.*

Mon père! (*Bas à Maria.*) C'est Picard.

JÉRÉMIE.

C'est monsieur votre père!

PICARD.

C'est vous, monsieur mon fils ? que faites-vous en ce lieu ?

JÉRÉMIE.

Mon général, permettez, souffrez que je vous dise...

PICARD.

Je ne suis point général. Qui êtes-vous ? que demandez-vous ?

JÉRÉMIE.

Je me nomme Jérémie de Bolmann, propriétaire; je puis même ajouter cultivateur ; la belle ferme de Kirval, à un quart de lieue de la ville, m'appartient.

PICARD.

Ah! vous seriez ce Bolmann qui fit à nos adversaires cette fourniture de farines avariées ? Diable! nous vous connaissons. Nous vous devons même beaucoup de reconnaissance. Messieurs, c'est un auxiliaire puissant, il a envoyé la moitié de nos ennemis à l'hôpital la veille de l'attaque ; et c'est peut-être lui qui a gagné la bataille.

JÉRÉMIE, *rassuré*.

Puisque vous le savez, il n'y a plus de mystère, et mes titres, à cet égard, devraient me mettre à l'abri de ce qui m'arrive.

PICARD.

Que voulez-vous dire ?

JÉRÉMIE.

Monsieur votre fils veut m'arrêter.

PICARD.

Comment! diable! j'espère qu'il ne se sera pas permis...

JÉRÉMIE.

Pardonnez-moi, il se permet de me faire conduire en prison et de me faire fusiller demain.

PICARD.

Corbleu! comment, monsieur, vous avez osé...

FRÉDÉRIC.

Permettez que je vous explique...

PICARD.

Point d'explication, nous devons protection à tous ceux que l'ennemi ferait pendre.

JÉRÉMIE.

Vous l'entendez.

PICARD.

Qu'il soit à l'instant relâché, et faites-lui vos excuses.

JÉRÉMIE.

Ah! ah! monsieur, faites-moi vos excuses.

FRÉDÉRIC.

Quoi! mon père, vous exigez...

PICARD.

Oui, monsieur, je l'exige. Faites vos excuses à monsieur.

JÉRÉMIE.

Je les attends.

FRÉDÉRIC.

Allons, volontiers, mon père; mais en qualité d'officier commandant le poste, mon père me permettra de lui faire mon rapport.

PICARD.

C'est juste.

FRÉDÉRIC.

Depuis plusieurs jours, chargé de faire la recherche d'un déserteur de notre régiment, j'avais obtenu quelques indices. En tournant le coin de la rue, j'aperçois monsieur sur une échelle, et sur le point d'entrer par cette fenêtre.

PICARD.

Par une fenêtre... une échelle... et la nuit.

FREDERIC.

Un chandelier d'argent que je pouvais croire volé lui sortait de la poche.

PICARD.

Oh! oh!

JEREMIE.

Mon officier, je vous prie de croire.

Le Propriétaire. 4

FREDERIC.

On l'arrête, on le somme poliment d'ouvrir, il refuse...

PICARD.

Oh! oh! il refuse ..

FREDERIC.

La porte est enfoncée, je visite partout, et je trouve notre déserteur avec une jeune personne qu'il dit être sa pupille.

PICARD.

Hé! voilà qui aggrave terriblement l'affaire. M. Jérémie, j'en suis fâché, mais s'il en est ainsi, demain vous serez fusillé, pas de doute à cela.

JEREMIE.

J'ignorais absolument...

PICARD.

Eh! parbleu, j'en dirais autant à votre place.

JEREMIE.

C'est à mon odieuse pupille qu'il faut s'en prendre.

PICARD.

On ne fusille pas les femmes. (à *Maria*.) Quant à vous, petit trompette, votre affaire est en bon train·

SCÈNE XVII.

Les Mêmes, LE NOTAIRE.

JEREMIE, *au notaire*.

Venez, venez à mon secours; on veut me fusiller.

LE NOTAIRE.

Fusiller!.. cela ne vaut rien; et mon contrat, qui me le paiera?

JEREMIE.

On a trouvé un déserteur dans ma maison.

LE NOTAIRE.

Un déserteur! cela ne vaut rien, vraiment.

JEREMIE.

Dans la chambre de ma pupille. Le voilà!

LE NOTAIRE.

De votre pupille! cela ne vaut rien du tout.

JEREMIE.

Cela ne vaut rien; hé! que diable! je le sais bien, que cela ne vaut rien. Mais, mon voisin, portez-vous donc caution de mon innocence.

LE NOTAIRE.

Oui, oui, je témoignerai, *Loco juramenti*, car, *primo*, le cas est épineux; mais si mort s'en suit, le lendemain de l'exécution, je protesterai *à fortiori* de votre innocence, et je la prouverai.

JEREMIE.

Il sera bien temps.

PICARD.

Allons, allons, camarades, finissons, et qu'on l'emmène... Encore un mot, vous, monsieur mon fils, puisque je vous rencontre, voudriez vous bien me dire ce que depuis quinze jours vous devenez?... Je sais qu'on vous a vu la nuit dans la rue avec une jeune fille travestie.

FREDERIC.

Une seule fois, encore le tuteur était présent.

PICARD.

Il n'importe; c'est du scandale, et pour vous mettre à la raison, je vois qu'il faudra songer à vous marier.

JÉRÉMIE, *au notaire*.

Il prend bien son temps pour s'entretenir de ses affaires de famille, quand moi...

LE NOTAIRE.

Il est sûr qu'il pourrait...

FRÉDÉRIC.

De grâce, mon père, ne vous mettez pas en courroux, j'obéirai.

PICARD.

Je voudrais bien voir le contraire, si je tenais un parti convenable, de bonne famille, riche..

FRÉDÉRIC.

Je me soumettrais, mon père, à tout ce qu'il vous plaira.

PICARD.

A la bonne heure... Monsieur Jérémie!

JÉRÉMIE.

Mon commandant!

PICARD.

Vous qui connaissez la ville et ses alentours, vous pourriez peut-être, avant de partir pour l'autre monde, faire une bonne action dans celui-ci, cela ne vous est pas arrivé souvent.

JÉRÉMIE.

Partir pour l'autre monde...

PICARD.

Indiquez-moi une femme riche, jeune et jolie, et je vous promets que votre affaire...

JÉRÉMIE.

Mon affaire...

PICARD.

Sera faite en un clin-d'œil.

JÉRÉMIE.

En un clin-d'œil.

PICARD.

Nous avons au régiment des gaillards d'une adresse, Joue... feu... rayés des contrôles.

LE NOTAIRE, *à Jérémie.*

Si vous lui proposiez votre pupille... (*à Picard.*) Monsieur, vous permettez, je dis deux mots à votre voisin.

FRÉDÉRIC, *à Picard.*

Laisse-les faire, ils se consultent.

JÉRÉMIE, *au notaire.*

Vous perdez la tête, je veux l'épouser moi-même.

LE NOTAIRE, *de même.*

Quand on vous aura fusillé.. et dans tous les cas, vous prendriez pour femme une personne qui a caché pendant quinze jours un déserteur dans sa chambre.

JÉRÉMIE, *de même*.

Ah! mon cher voisin, que me rappellez-vous là.. perfidie épouvantable.

LE NOTAIRE.

Voilà le contrat, les noms n'y sont pas remplis.

PICARD, *feignant de s'impatienter*.

Finissons-en, M. Jérémie de Bolmann? Est-ce votre testament que vous faites ainsi à la belle étoile?

JÉRÉMIE.

Mon officier.. je sais bien un parti très-sortable, comme vous le désirez...

PICARD.

Ah! c'est de moi que vous vous occupez.

JÉRÉMIE.

Je me ferai fort d'arranger ce mariage-là. (*à part au notaire*.) J'aime mieux qu'il soit son mari que moi à présent. (*Haut.*) Mais, à une condition, c'est que le contrat signé, plus de fusillade.

FREDERIC.

Ah! mon père, c'est bien naturel.

PICARD.

Un instant, mon fils, examinons d'abord si la personne mérite... enfin, voyons, nommez-la...

JEREMIE.

C'est Maria, ma pupille.

PICARD.

Votre pupille, corbleu! ce n'est pas, j'espère, la demoiselle au déserteur.

JERÉMIE, *poussant le notaire*.

Aye, aye, aye.

LE NOTAIRE.

Si, mon officier.

PICARD.

Comment, si... vous avez l'audace de me proposer un parti semblable?

JÉRÉMIE.

Mais, il me semble...

PICARD.

A moi, militaire distingué, commandant de citadelle et dont la réputation est faite d'un bout du monde à l'autre.

JÉRÉMIE, *à part.*

Allons, il n'écoute rien.

FREDERIC.

Mais pourtant, mon père..

PICARD.

Laissez-moi, monsieur, je suis d'une fureur!..

FREDERIC.

Cependant il faudrait examiner...

PICARD.

Le voilà! dès qu'il s'agit de femmes, il épouserait la ville et les faubourgs... sans s'informer...

LE NOTAIRE, *à part.*

Dites qu'elle apporte une dot.

JÉRÉMIE.

M. l'officier, ma pupille apporte.... trente mille écus en mariage.

PICARD.

Comment dites-vous? trente mille écus... et pourquoi ne pas dire cela tout de suite, mais c'est de la vertu ça, trente mille écus, et voilà qui change de beaucoup les choses. Ainsi, de votre libre consentement, votre pupille épouserait monsieur.. mon fils?

(*Jérémie hésite; sur un geste de Picard, les dragons s'approchent pour le saisir.*)

JÉRÉMIE.

Oh! oui... de mon consentement.. mon voisin le notaire peut vous dire...

PICARD.

Ah! monsieur est notaire?

LE NOTAIRE.

Oui, monsieur, et prêt à mettre les noms dans le contrat que voici.

PICARD.

Comment donc? Mais c'est charmant ça. Allons, mon fils, il ne sera pas dit que le consentement paternel te manquera, lorsque tout se réunit pour sauver ce brave monsieur Jérémie. Je n'impose qu'une condition, c'est d'assigner sur le contrat une bonne pension à l'honnête Picard, et sa vie durant.

FREDERIC.

C'est bon, c'est bon, je m'en charge.

PICARD.

Puisqu'il en est ainsi, monsieur Jérémie, signez et paraphez.

JEREMIE, *signant*.

C'est fait.

PICARD.

Maintenant que nous avons un point essentiel, votre consentement, vous êtes libre, si votre pupille consent.

MARIA, *se démasquant*.

Elle consent de tout son cœur.

JEREMIE.

Eh quoi! que vois-je?.. Maria!.. ah!

LE NOTAIRE.

La singulière métamorphose!

PICARD.

Puisque nous en sommes aux métamorphoses (*il ôte sa redingotte sous laquelle est sa livrée.*) Permettez à l'honnête Picard..

JEREMIE.

Ah! je suis trahi, vendu, assassiné.

MARIA.

Mon cher tuteur, il m'était impossible de vous épouser.

JEREMIE.

Impossible!

MARIA.

J'avais donné mon cœur, que le don de ma main suivait naturellement.

LE NOTAIRE.

Allons, voisin, ma sœur est encore là, si le cœur vous en dit..

JEREMIE.

Allez vous promener avec votre sœur; c'est affreux! c'est épouvantable, d'être trompé ainsi.

PICARD.

A propos, monsieur Jérémie, le serrurier m'a chargé de vous dire qu'on ne doit jamais laisser après la porte la clef de sa maison, quand on n'a pas la clef du cœur de celle qu'on aime.

JÉRÉMIE.

Allez tous au diable, et laissez-moi en repos. (*Aux soldats.*) Donnez-moi ma chandelle.

Il l'arrache des mains d'un dragon.

PICARD.

Vivat Mascarillus fourbo me imperator, a dit un philosophe du temps. Mettez *Picardillus*, et n'en parlons plus.

MARIA, *au notaire.*

Mon cher voisin, j'espère que vous voudrez bien me donner un asile pour cette nuit auprès de mademoiselle votre sœur.

LE NOTAIRE.

Comment donc, mademoiselle, madame même, car le contrat est signé; disposez de ma maison.. ce soir et demain, et si vous voulez que la noce se fasse chez moi...

MARIA ET FREDERIC.

Nous allions vous en prier.

PICARD.

Allons, les choses ont été bon train, aussi ai-je mis tout mon zèle à vous contenter, la réussite n'était pas facile, qu'en pensez-vous?

JEREMIE, *à la croisée.*

On le saura demain, ce que j'en pense, et nous verrons ce qu'en pense le public : les journaux en parleront.

TOUS.

Eh bien! M. Jérémie, à demain, bonne-nuit.

FIN.

www.ingramcontent.com/pod-product-compliance
Lightning Source LLC
Chambersburg PA
CBHW060552050426
42451CB00011B/1867